ATELIER

DE

CH. VOILLEMOT

—oo꙰oo—

COMMISSAIRE-PRISEUR

Mᵉ **LÉON TUAL**, 56, rue de la Victoire.

EXPERTS

M. Charles MANNHEIM   **M. BERNHEIM** Jeune

7, rue Saint-Georges, 7.   8, rue Laffitte, 8.

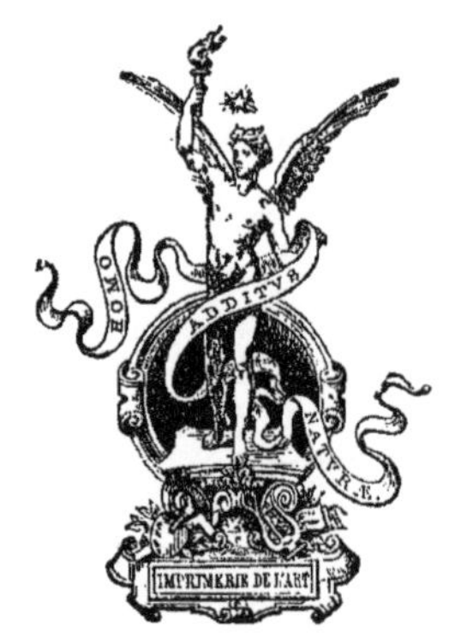

HONOR
ADDITVS
NATVRÆ
IMPRIMERIE DE L'ART

ATELIER

DE

Ch. VOILLEMOT

TABLEAUX

AQUARELLES, DESSINS, SANGUINES

ÉVENTAILS

OBJETS D'ART ET DE CURIOSITÉ

Instruments de musique — Faïences et Porcelaines

Bronzes et Meubles anciens — Étoffes — Costumes — Tapisseries

DONT LA VENTE AURA LIEU PAR SUITE DE DÉPART

HOTEL DROUOT, SALLE N° 8

Les Vendredi 16 et Samedi 17 Avril 1886

A 2 HEURES PRÉCISES

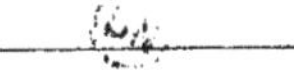

Par le Ministère de Mᶜ Léon TUAL, commissaire-priseur

56, rue de la Victoire, 56

EXPERTS

Pour les Curiosités :	*Pour les Tableaux :*
M. Charles MANNHEIM	M. BERNHEIM Jeune
7, rue Saint-Georges, 7.	8, rue Laffitte, 8.

EXPOSITIONS

PARTICULIÈRE	PUBLIQUE
Le Mercredi 14 avril 1886	*Le Jeudi 15 avril 1886*

DE 1 HEURE 1/2 A 5 HEURES 1/2

CATALOGUE ILLUSTRÉ : **10** FRANCS

Ce Catalogue se distribue à Paris :

Chez **Mᵉ LÉON TUAL,** commissaire-priseur,

56, rue de la Victoire, 56

Chez **M. CH. MANNHEIM,** expert,

5, rue Saint-Georges, 5

Chez **M. BERNHEIM Jeune,** expert,

8, rue Laffitte, 8.

CONDITIONS DE LA VENTE

Elle sera faite au comptant.

Les adjudicataires paieront *cinq pour cent* en sus des enchères, applicables aux frais.

L'exposition mettant le public à même de se rendre compte de l'état des objets, il ne sera admis aucune réclamation une fois l'adjudication prononcée.

Paris. Imp. de l'Art. E. Ménard et J. Augry, 41, rue de la Victoire

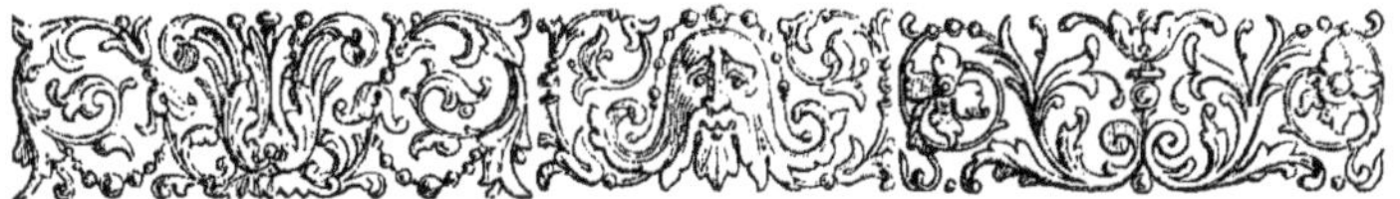

L plus aimable des peintres, un grand peintre de genre, Charles Voillemot quitte Paris. Le moment est venu pour lui où l'arbre et le silence vous attirent; où l'œil, fatigué des maisons à six étages et des horizons bornés, veut mesurer l'espace et n'avoir pour limite que la ligne où le nuage et le sillon se rejoignent. Voillemot a réalisé le *Rêve d'un ambitieux ;* il a dans un petit coin de Normandie

> ..... *un arpent de sol, mont, val ou plaine,*
> *Avec un filet d'eau, torrent, source ou ruisseau ;*
> *Sur son arbre un doux nid, gazon, duvet ou laine,*
> *Qui retient un chanteur, pinson, merle ou moineau.*

Vous voyez cela d'ici : une ruine que Voillemot a réparée avec un respect d'antiquaire ; un jardin par devant, et, tout près, une rivière avec des chevelures de saules.

Après toute une vie d'un labeur incessant, l'artiste va s'asseoir à côté de la lutte, sous un toit qui lui appartient, ayant devant les yeux sa pelouse, ses fleurs et sa basse-cour où le coq et les poules retournent du bec le fétu de paille tombé de la mangeoire d'un petit âne gris — cheval à ses heures. Le pied-à-terre devient l'atelier et l'atelier devient le pied-à-terre. La vente de Voillemot est bien une vente d'adieu, non sans doute un adieu définitif, inexorable, sans appel. L'artiste reparaîtra plus d'une fois à Paris, car il est de ceux que le repos tue, mais jamais la rubrique « pour cause de départ » ne fut mieux justifiée.

Voillemot est élève de Drolling. En 1849, il exposait *Phœbé ;*

puis, au Salon suivant les *Feux follets* et *Rêverie* (1850), *Cupidon, le Rêve d'une soubrette, Louis XV* (1859), *la Nymphe du printemps* (1861), *Don Juan* ou *le Festin de Pierre, Une Fête galante* (1863), *Jeunesse* (1865).

Voillemot a eu des débuts difficiles, comme tous les Parisiens. Le Parisien est seul, il doit s'inventer lui-même et se suffire dans le *vaste désert d'hommes*. Heureux l'artiste qui a une province pour le pousser ! Dès son bas âge, il traçait sur les murailles des profils au fusain et tout le monde de s'écrier qu'il avait *des dispositions !* Les voisins le suivaient de l'œil. L'adjoint du maire se disait qu'il y avait peut-être là un génie à révéler. Lancer un artiste, aider à faire de lui un homme célèbre, ce serait s'assurer la croix. La ville accorde un subside au futur Raphael, on l'envoie à Paris. Les députés du département obtiennent pour lui des commandes et, à peine a-t-il exposé une toile qu'on songe à donner son nom à une rue. Le Parisien, lui, est sans patrie.

A ses débuts, Voillemot fit de la peinture sur porcelaine et sur émail. C'était loin du rêve mais près du boulanger.

Il y a trente ans, Voillemot était de cette volée de pinsons de la Nouvelle Athènes, le quartier des Martyrs, qui a compté dans ses rangs Banville, Murger, Monselet, Noriac, Monginot, Aimé Millet.

L'atelier de Voillemot était alors situé au fond de l'avenue Frochot, dans le voisinage d'Isabey. Tout était frais et gracieux dans cet atelier. On n'y voyait que des nymphes et des pampres, des roses, des lilas et des papillons. La mythologie s'y étalait sur les murs et sur les chevalets. Les jeunes filles élancées, aux formes grêles, semblaient s'envoler dans des paysages de féerie. Ici *l'Amour terrassant une panthère ;* Cupidon, vainqueur, triomphant, a le pied sur la panthère qui se roule amoureusement sur le sol. Là, Vénus debout sur la crête d'un flot et dénouant ses cheveux. Toujours le printemps,

les iris, le bleu, le rose et les nacres. Voillemot aime les
enchantements de la lumière, les feuillages clairs. On sent sur
tous ses tableaux la caresse du soleil ; sa toile a le parfum d'un
sachet et la fraîcheur de la virginité. Il ne comprend ni la
pluie ni la laideur. Il est en peinture ce qu'est en littérature
Arsène Houssaye.

Dès 1852, Théophile Gautier, qui s'est rarement trompé
dans ses prédictions, donnait à Voillemot une place dans le
groupe des délicats, à côté de Gérôme, de Picou, d'Hamon et de
Boulanger. Le *Nid* obtint un vif succès au Salon de 1868. « Les
critiques, écrivait alors Gautier, qui aujourd'hui veulent paraître
très forts et très avancés, n'admettent guère que des choses
horribles et font profession de mépriser la grâce, mais cela ne
nous empêchera pas de trouver le *Nid* une chose charmante.
C'est une fillette de quatorze ou quinze ans qui tient dans sa
main un nid de mésanges à tête noire, sans grand souci des plis
de sa tunique ; elle est blanche, elle est blonde, délicatement bai-
gnée d'ombres transparentes qui ne font pas tache sur sa peau
fraîche et fine comme la pulpe des feuilles de roses. On dirait
une ébauche presque terminée de Prud'hon. Le fond du tableau
est fait d'une verdure vague et mystérieuse qui donne toute leur
valeur au ton des chairs. De grandes touffes d'iris introduisent
leur note bleue dans cette gamme de couleurs tendres et com-
plètent l'harmonie suave du tableau. »
Théodore de Banville ne marchande point son admiration
à la *Velléda* qui fut exposée en 1869 et achetée par l'État.
Et, poète lui-même, Voillemot donnait en 1872, au premier
Salon qui s'ouvrit après nos désastres, le tableau intitulé
Renouveau. Une jeune fille appuyée sur des colonnes brisées
et tenant à la main une branche de lilas symbolisant l'éter-
nelle renaissance, la volonté de la nature et la jeunesse même
de la patrie toujours vivace et pleine de sève.

L'année suivante, la foule se pressait au Salon pour contempler les petits-enfants de Victor Hugo : Jeanne et George.

M. Édouard Drumont disait à propos de ce portrait : « Pareil à l'aigle qui emporte ses petits dans la nue, le poète les a emportés dans la gloire. » Et c'est en pleine gloire que Voillemot les a peints : Jeanne, toute vêtue de blanc, les mains posées sur un livre : *l'Art d'être grand-père*. Georges, sérieux, le front et les yeux songeurs, rappelant aux amis de la veille cet homme d'un si grand cœur, Charles Hugo, avec ses cheveux noirs et ses yeux de flamme.

L'œuvre de Voillemot est considérable. Il faut mentionner parmi ses compositions la salle de spectacle de Fontainebleau, la décoration du palais Soltykoff, des peintures pour les hôtels d'Aquila, de Castellane, Lepel-Cointet, Talabot, etc.

C'est encore Voillemot qui a été chargé de la décoration de la salle du Congrès de Santiago, œuvre colossale qui est partie pour le Nouveau-Monde où aboutissent maintenant toutes nos célébrités d'Europe.

Dans ces dernières années, Voillemot s'est adonné à l'aquarelle, mais à un genre particulier, original, dont il est l'inventeur. Il y a uni la force de la peinture à la douceur moelleuse du pastel. Ses productions dans ce genre forcent l'attention et retiennent le visiteur. Ce sont des peintures capiteuses où l'œil se grise avec des couleurs.

En même temps que les tableaux, dessins et aquarelles de tout format, Voillemot abandonne au public les bahuts et les faïences, tous ces bibelots et ces étoffes merveilleuses, ces dieux ventrus de l'Inde et ces animaux chimériques, cauchemar de l'Asie et de l'Afrique, qui sont l'ornement de l'atelier et que toute une vie d'artiste et de connaisseur suffit à peine à réunir.

— Il part et quitte tout.

La vente sera faite avec le concours de MM. Ch. Mannheim pour les curiosités et Bernheim jeune pour les tableaux. Ces deux experts jouissent dans le monde des arts d'une autorité justifiée qui ajoute un important appoint à un succès facile à prévoir.

On peut appliquer à Voillemot ce qu'Edmond et Jules de Goncourt disaient de Watteau : « La grâce de Voillemot est le rien qui habille la femme... Elle est cette chose subtile qui est le sourire de la ligne... Et quel décor ! Une terre complice, des bois galants, des champs emplis de musique, des bosquets propices aux jeux d'Écho, des arbres en berceaux où pendent les paniers de fleurs, des déserts rafraîchis de fontaines, peuplés de marbres et de statues !... Soleils d'apothéose, belles lumières dormantes sur les pelouses, verdures pénétrées et translucides ! Délices champêtres, décorations murmurantes et parées, jardins embuissonnés de ronces et de roses !... »

Un éventail de Voillemot, c'est un printemps de poche qui exhale en se déployant la brise de mai et les enivrements des premiers lilas.

Aurélien Scholl.

DÉSIGNATION

TABLEAUX

1 — *Le Renouveau.*

Salon de 1872.

Haut., 2 m. 35 cent.; larg., 1 m. 05 cent.

2 — *La Femme aux oranges.*

Salon de 1884.

Haut., 1 m. 15 cent.; larg., 88 cent.

3 — *Rêverie.*

Haut., 1 mètre; larg., 72 cent.

4 — *L'Amour désarmé.*

Haut., 85 cent.; larg., 45 cent.

5 — *Fuyant l'Amour.*

Haut., 1 mètre; larg., 55 cent.

★

6 — *Coquetterie.*

Haut., 55 cent.; larg., 45 cent.

7 — *Charmeuse.*

Haut., 31 cent.; larg., 45 cent.

8 — *L'Automne.*

Panneau décoratif.

Haut., 2 mètres; larg., 1 mètre.

9 — *L'Hiver.*

Panneau décoratif.

Haut., 2 mètres; larg., 1 mètre.

10 — *Nature morte.*

Haut., 1 mètre; larg., 72 cent.

11 — *Hamlet et Ophélie.*

Haut., 42 cent.; larg., 32 cent.

12 — *Tristesse.*

Haut., 55 cent.; larg., 46 cent.

13 — *Jeune femme.*

Haut., 55 cent.; larg., 46 cent.

14 — *Jeune fille.*

Haut., 55 cent.; larg., 46 cent.

15 — *Éros.*

Haut., 35 cent.; larg., 25 cent.

16 — *Amour et Zéphyr.*

Ovale.

17 — *Hercule et Omphale.*

Haut., 22 cent.; larg., 17 cent.

18 — *Forêt de Fontainebleau.*

Haut., 32 cent.; larg., 40 cent.

19 — *Fleurs.*

Haut., 40 cent.; larg., 35 cent.

20 — *Le Rendez-vous.*

Haut., 33 cent.; larg., 20 cent.

21 — *La Surprise.*

Haut., 33 cent.; larg., 20 cent.

22 — *L'Enlèvement.*

Haut., 26 cent.; larg., 20 cent.

23 — *Le Boulevard des Italiens.*

Souvenir du siège de Paris.

Haut., 33 cent.; larg., 46 cent.

24 — *La Place Saint-Georges.*

Souvenir du siège de Paris.

Haut., 40 cent.; larg., 28 cent.

25 — *La Faim.*

Souvenir du siège de Paris.

26 — *Le Printemps.*

Camaïeu.

Haut., 46 cent.; larg., 35 cent.

27 — *L'Été.*

Camaïeu.

Haut., 46 cent.; larg., 35 cent.

28 — *L'Automne.*

Camaïeu.

Haut., 46 cent., larg., 35 cent.

29 — *L'Hiver.*

Camaïeu.

Haut., 46 cent.; larg., 35 cent.

30 — *Fleurs.*

Haut., 40 cent.; larg., 35 cent.

31 — Sous ce numéro, différentes esquisses non cataloguées.

AQUARELLES

32 — *Le Rappel des amoureux.*

Éventail.

33 — *Flore.*

Éventail.

34 — *Les Jeux.*

Éventail.

35 — *Le Réveil des Amours.*

Eventail.

36 — *Avril.*

Salon de 1885.

Haut., 60 cent.; larg., 45 cent.

37 — *La Cigale.*

Haut., 57 cent.; larg., 34 cent.

38 — *Primevère.*

Haut., 57 cent.; larg., 30 cent.

39 — *Fuyant l'Amour.*

Haut., 50 cent.; larg., 30 cent.

40 — *Coquetterie.*

Haut., 74 cent.; larg., 54 cent.

41 — *Innocence.*

Haut., 42 cent.; larg., 30 cent.

42 — *Chiffons.*

Haut., 44 cent.; larg., 29 cent.

43 — *Printemps.*

Haut., 31 cent.; larg., 23 cent.

44 — *Les Oranges.*

Haut., 47 cent.; larg., 35 cent.

**45 — Sous ce numéro, différentes études à l'aqua-
relle non cataloguées.**

DESSINS

46 — *Velléda.*

Crayon noir et mine de plomb.

47 — *Rappel des amoureux.*

Fragment. Sanguine.

48 — *Paysanne Louis XV.*

Sanguine.

49 — *Dédain.*

Sanguine.

50 — *Rendez-vous.*

Sanguine.

51 — *Jeune femme.*

Sanguine.

52 — *Rêverie.*

Sanguine.

53 — *La Sieste.*

Sanguine.

54 — *Le Baiser.*

Sanguine.

55 — *Le Hamac.*

Sanguine.

56 — *La Boudeuse.*

Sanguine.

57 — *L'Été*.

Mine de plomb.

58 — *L'Arrivée des hirondelles*.

Mine de plomb.

59 — *L'Étoile du soir*.

Mine de plomb.

60 — *Bacchante*.

Mine de plomb.

61 — *La Jolie Andalouse*.

Camaïeu.

62 — *Séphora*.

Encre de Chine.

63 — *Printemps*.

Mine de plomb.

64 — *L'Étoile du Berger*.

Mine de plomb.

65 — *Arlequine*.

Sanguine.

66 — *Almée.*

Mine de plomb.

67 — Sous ce numéro, divers dessins, sangui-
nes, etc., non catalogués.

TABLEAUX ET AQUARELLES

ANCIENS ET MODERNES

CHASSERIAU

68 — *Martyres chrétiennes.*

Sanguine.
Vente Chasseriau.

CHASSERIAU

69 — *Romains emmenant des prisonniers.*

Crayon.
Vente Chasseriau.

CHASSERIAU

70 — *Les Forgerons.*

Crayon.
Vente Chasseriau.

GALLETTI

71 — *Environs de Madère.*

GÉRICAULT

72 — *Tête d'étude.*

HERVIER

73 — *Paysage.*

ISABEY

74 — *Les Falaises.*

Aquarelle.

LANCRET
(École de)

75 — *Scène galante.*

WATTEAU
(D'après)

76 — *Galanterie.*

OBJETS D'ART ET D'AMEUBLEMENT
INSTRUMENTS DE MUSIQUE

77 — Belle musette Louis XIV, en ébène et ivoire, avec soufflet, ceinture et boucle de l'époque.

78 — Jolie musette d'ivoire avec robe de soie brochée et soufflet. XVIIIe siècle.

79 — Charmante petite vielle de dame de F. Louvet, à Paris, à tête finement sculptée à coquilles et mufle de lionne. Époque Louis XIV.

80 — Hautbois, daté 1719.

81 — Pochette de maître de danse, dans son étui du temps.

82 — Ancienne viole d'amour, d'un luthier de Vienne.

83 — Mandoline italienne, de forme gracieuse, décorée d'incrustations de nacre, d'ivoire et d'écaille.

84 — Pochette et un archet.

85 — Beau tympanon du XVIIe siècle, à rosaces ajourées et dorées et décor de peintures consistant en figurine d'amour et bande de rinceaux entremêlés de fruits et de colombes.

86 — Belle basse de viole, décorée de fleurs de lis et de filets
gravés et incrustés; le manche se termine par une jolie
tête de femme chantant et couronnée de laurier. La tête
des clefs a la forme d'une fleur de lis. Cet instrument
porte la signature de *Barak Norman London 1723*.

87 — Jolie guitare décorée d'incrustations d'ébène et d'ivoire
et portant le nom de *Alexandre Voboam Paris 1652*.

88 — Ancienne et grande mandoline italienne, à manche se
terminant par une tête de femme, sculptée en ronde
bosse.

89 — Mandore à manche terminé par une tête sculptée.

90 — Grande mandoline.

91 — Quinton à manche terminé par une tête sculptée, coiffée
d'un petit tricorne. Il porte le nom de *Guersan à Paris
1768*.

92 — Petite mandoline, citronnier et palissandre.

93 — Ancien tambourin oriental, décoré de mosaïque de
nacre et d'ivoire.

94 — Plusieurs tambours de basque.

FAÏENCES ET PORCELAINES

95 — Soupière avec couvercle et plateau, en faïence de Sinceny, à décor polychrome consistant en bandes de quadrillés verts à réserves de fleurs et de fruits.

96 — Soupière avec couvercle, en faïence de Rouen, décor polychrome à guirlandes de fleurs et papillons.

97 — Soupière de forme Louis XV, décorée de bleuets.

98 — Sucrier avec son plateau de forme quadrilobée, en porcelaine tendre de Chantilly, à décor de fleurs polychromes dans le goût japonais.

99 — Beurrier avec plateau, en faïence de Delft, à feuilles de vigne en relief.

100 — Plat en Delft polychrome, à gerbe de fleurs et papillons.

101 — Plats en Strasbourg, à fleurs.

102 — Six assiettes de Delft polychrome.

103 — Deux plats oblongs en faïence de Moustiers, à décor polychrome, bouquets et insectes.

104 — Trois plats à bords contournés, en faïence de Moustiers, à décor bleu dans le style de Bérain.

105 — Plat de Delft polychrome à bouquet et oiseau.

106 — Plat en faïence du Midi, décoré de fleurs avec marli feuille de chou.

107 — Deux petites potiches en faïence de Delft, décor bleu à figures.

108 — Deux potiches à couvercles, en vieux Japon, décor bleu et rouge.

109 — Vase ovoïde d'ancienne faïence de Delft, à paysage et figures, en bleu, rouge et vert.

110 — Salière hexagonale en faïence de Delft, à décor de fleurs et d'imbrications en bleu

111 — Vase à tulipes, décoré dans le goût chinois.

112 — Deux beurriers en Delft, décor bleu à médaillons, paysages.

113 — Pichet en vieux Rouen, décor polychrome, médaillon représentant Saint Louis, et festons de fleurs sur fond bleu. Inscription : *Louis Sainte 1736 mesme.*

114 — Théière, plats et tasses en Chine et Japon.

115 — Porte-perruques en faïence ancienne.

116 — Pichets, brocs, salière, chope, etc.

117 — Deux bas-reliefs, sujets de sainteté, en terre émaillée, dans des cadres anciens de bois sculpté.

118 — Plats et assiettes de faïence française et étrangère.

119 — Chaufferettes en faïence émaillée de provenance allemande, encriers.

120 — Plusieurs bénitiers.

CURIOSITÉS DIVERSES

121 — Étui en cuir ouvragé du xve siècle.

122 — Petit pistolet-breloque à rouet, en fer et cuivre finement gravé et doré. xviie siècle.

123 — Râpe à tabac en émail de Limoges du temps de Louis XIV, à décor de figures et de fleurs.

124 — Petit calendrier de poche, pour l'année 1775, avec reliure de nacre décorée d'applications dorées.

125 — Plusieurs éventails et maintiens Louis XV et Louis XVI, ivoire, nacre, etc.

126 — Balance du xviiie siècle, avec la série des poids aux armes de France.

127 — Coffret en bois sculpté, à décor de rinceaux feuillagés avec chiffre couronné. Travail lorrain du temps de Louis XIV.

128 — Plusieurs étuis allemands en cuivre.

129 — Râpe à tabac Louis XIV, écaille incrustée d'argent.

130 — Autre avec incrustations de nacre et filets de cuivre.

131 — Plusieurs petits coffrets et boîtes en cuir, fer, carton, etc.

132 — Marotte de fou avec têtes chimériques en métal, grelot et ancien ruban de velours.

133 — Plusieurs plats anciens en cuivre repoussé.

134 — Narghilé oriental en cuivre gravé et repoussé et décoré de petites rosaces.

135 — Boîte de toilette du temps de Louis XV, carton décoré de papier peint.

136 — Petite pendule en cuivre doré aux armes d'Allemagne, tenue à bout de bras par une figurine de guerrier asiatique, debout sur une base ronde décorée de rinceaux.

137 — Deux flambeaux en bronze de Chine, à tige supportée par des figurines.

138 — Jeu de trictrac Louis XIII en ébène et ivoire avec cornets en cuir et pions en ivoire.

139 — Trois gravures du XVIIIe siècle, scènes d'intérieur, avec costumes exécutés en étoffes.

140 — Petite étagère porte-flacons de l'époque Louis XV, en bronze doré, simulant la porte d'une tonnelle surmontée d'une horloge et enguirlandée de fleurettes en porcelaine; sous la porte est une figurine de Saxe.

141 — Console-applique en bois sculpté. Louis XIV.

142 — Verre de Venise, groupe de Cupidons tressant des guirlandes au pied d'un arbre de mai.

143 — Deux salières en émail de Saxe.

144 — Petit vase cornet à panse renflée, sur laquelle sont une figurine d'homme armé d'un long bâton et un groupe de singes, bronze chinois.

145 — Plateau en bois dur, décoré d'incrustations de nacre. Travail annamite.

146 — Ancien livre persan *Divan Hafiz*, orné de miniatures.

147 — Porte-livre en marqueterie indienne.

148 — Grand et beau rouet en bois noir avec ornements en os, à montants tordus en spirale, et parties tressées et ajourées.

149 — Autre rouet.

150 — Petit miroir à encadrement de caractère persan, en cuivre gravé.

151 — Écrin de tableau, triptyque en bois laqué et incrusté de burgau et dont le couronnement contient une curieuse rosace faite de demi-fleurs de lis à tiges disposées en croix.

152 — *Conga*. Vase italien à deux anses en cuivre martelé.

153 — Objets mobiliers des xviie et xviiie siècles, tels que porte-montres, rouets, moulin à café, boîte à sel, etc., etc.

154 — Deux petits tableaux vénitiens, en perles de verre : les acteurs de la comédie italienne.

155 — Encrier italien en bronze de la Renaissance, décoré de têtes de chérubins et reposant sur des hippocampes.

156 — Petite boîte ovale en cuivre rouge repoussé, à mascarons et cornes d'abondance.

157 — Plusieurs épées anciennes, dont une Louis XIV, à poignée ciselée et ajourée.

158 — Curieux sablier de la Renaissance en bois noir, à petits montants tournés.

159 — Écritoire en forme de marteau, en fer damasquiné d'or.

160 — Deux lanternes portatives de forme hexagonale, en fer peint.

161 — Cadre Louis XIV, en bois sculpté à fronton et contenant une gravure sur soie.

162 — Deux reliquaires à cadre de chêne sculpté.

163 — Petite commode-toilette à glace, du temps de Louis XV, en bois sculpté, peint et doré.

BRONZES ET MEUBLES ANCIENS

164 — Pendule du temps de Louis XV, en marqueterie de cuivre, garnie d'appliques, feuillages et rocailles, en bronze doré ; elle est accompagnée d'un socle également marqueté.

165 — Paire d'appliques du temps de Louis XVI, en bois sculpté et doré, à deux branches porte-lumière feuillagées et à couronnement composé des attributs de l'Amour enrubannés.

166 — Petit miroir italien à encadrement sculpté et doré, feuillages et enroulements.

167 — Paire d'appliques Louis XV en bronze à deux branches mouvementées.

168 — Petite armoire étroite à portes vitrées, en bois de chêne, couronnée d'une corniche à rais de cœur et rubans.

169 — Ancien meuble breton sculpté et gravé, à rosaces et galeries à balustres. Il ouvre au moyen d'une porte à coulisse surmontant un tiroir.

170 — Beau tabouret oriental, à tablette circulaire, supportée par six pieds de forme contournée, le tout en mosaïque de nacre.

171 — Petit tabouret turc, en mosaïque de nacre.

172 à 174 — Trois armoires anciennes à portes vitrées.

175 — Trois belles chaises portugaises, garnies en cuir ouvragé et cloutées de cuivre.

176 — Chaise à porteurs, garnie intérieurement d'ancien velours de Gênes.

177 — Petite console du temps de Louis XV, en bois sculpté et peint, modèle à coquilles, rinceaux et rocailles, tablette en marbre brèche d'Alep, bordée de filets et d'un quart de rond.

178 — Petite console Louis XVI, forme demi-lune, en bois sculpté et doré, bandeau à boucles ajourées, agrémenté de rubans et de cordons de perles. Dessus en marbre.

179 — Deux consoles du temps de Louis XVI, en bois sculpté et peint en blanc. Pieds cannelés reliés par des traverses supportant un vase. Bandeau décoré de boucles et de perles et d'une guirlande de laurier. Dessus en marbre.

180 — Petit meuble Louis XIII, en noyer sculpté, ouvrant à deux portes décorées de cuirs enroulés et flanqué de cariatides d'angles.

181 — Petite table ancienne à pieds tournés, réunis par une traverse en X.

182 — Petit secrétaire Louis XVI, en bois rose à filets en marqueterie. Dessus en marbre.

183 — Armoire étroite du temps de Louis XIV, à deux portes superposées et décorées de moulures ; la porte supérieure est vitrée.

184 — Petite table à ouvrage à trois tiroirs en acajou, à filets de cuivre et dessus en marbre blanc entouré d'une galerie.

185 — Petite commode Louis XV, de forme contournée et à deux tiroirs. Tablette en marbre.

186 — Lit Louis XVI, en acajou à moulures et perles de cuivre ; décoré aux angles de colonnettes cannelées que surmontent de petits vases.

187 — Table de nuit Louis XVI, en bois sculpté, laqué blanc et doré, à décor de rosaces, de fleurons et de moulures ornées.

188 — Table à jeu hollandaise, en marqueterie de bois à fleurs et oiseaux, avec guirlandes et ornements sculptés. Époque Louis XV.

189 — Deux petits miroirs Louis XVI à encadrements sculptés et dorés, avec bras porte-lumière en cuivre.

190 — Paire d'appliques Louis XVI à deux lumières, en bois sculpté et doré ; elles sont couronnés d'attributs cham-pêtres.

191 — Glace à fronton en verre de Venise.

192 — Petite pendule Louis XVI marbre blanc, marbre noir, colonnettes et ornements en cuivre.

193 — Commode Louis XV, en bois satiné à trois tiroirs et tablette de marbre.

194 — Chenets Empire à galeries ajourées avec sphinx et boules d'amortissement.

195 — Deux fauteuils de l'époque Louis XVI, en bois sculpté, et peint en blanc, modèle à rubans enroulés en spirale, godrons, couronnes de fleurs et panaches. Ils sont couverts en soie brochée à raies.

196 — Miroir Louis XV, à encadrement de bois sculpté et doré.

ÉTOFFES ANCIENNES — COSTUMES — TAPISSERIES

197 — Portière d'ancienne tapisserie, à personnage avec bordure composée de dauphins, d'attributs guerriers et de fleurs.

198 — Portière d'ancienne tapisserie flamande, verdure avec bordure composée de guirlandes de fleurs et de fruits.

199 — Belle tenture Louis XIII, composée de trois panneaux à bandes multicolores et moirées en broderie de soies, dite point de Hongrie, et plusieurs morceaux analogues.

200 — Coffre en bois recouvert de broderies, au point de Hongrie, analogue à la tenture qui précède.

201 — Portière persane, en étoffe brochée et rehaussée d'or, à décor de fleurons, avec bordure sur deux côtés.

202 — Couvre-lit Louis XIII, à rinceaux et ornements en applications et broderies.

203 — Portière orientale faite de trois bandes en broderies
de soie sur mousseline, séparées par des bandelettes de
soie multicolores et par des galons d'or.

204 — Grand tapis fond jaune, décoré d'arabesques brodées.

205 — Tapis rectangulaire brodé en soies de couleur, à
petits bouquets de pensées reliés par des rubans onduleux.

206 — Deux tapis orientaux, broderie d'or et d'argent sur
gaze, grosse rosace centrale entourée d'un semis de fleurs.

207 — Portière orientale en toile légère, à motifs de fleurs,
en broderie de soie et d'or.

208 — Petit tapis de soie blanche richement brodé en soies
de couleur et fils d'or, à décor de fleurs, rinceaux, paons,
cerfs, etc.

209 — Écharpe de toile, à raies jaune et bleu alternées, en-
richie de broderies d'or au point de chaînette.

210 — Voile de calice en soie bleue, à rosace centrale et bordure de rinceaux, en applications de soie jaune et broderie
d'or et d'argent. XVIIe siècle.

211 — Croix et bande de chasuble, à figures de saints,
placées sous des demi-cerceaux gothiques; en broderie
de soie, de fils d'or et d'argent. Travail italien du
XVe siècle.

212 — Chasuble de soie blanche, à décor de fleurs et d'entrelacs, en broderie de soies, d'or et d'argent. Espagne, XVIIᵉ siècle.

213 — Lot de larges bandes : broderie de soie sur filet. Époque Louis XIII.

214 — Portière composée de trois bandes de toile brodées en soies, or et argent et séparées par des rayures multicolores en soie.

215 — Douze petits carrés, pour coussins, à décor de gerbes de fleurs, cerfs et oiseaux, en broderie de soies de couleur relevée d'or, sur mousseline. Travail portugais du XVIIᵉ siècle.

216 — Burnous arabe.

217 — Carré de toile chargé de rinceaux, en broderie de soie de couleur.

218 — Écharpes orientales, broderies de soie sur toile.

219 — Deux corsages d'odalisques, brodés en fin.

220 — Coussin persan couvert de fleurs et de branchages, en broderies d'or et d'argent et enrichi de paillettes, sur cachemire bleu.

221 — Hamac de l'Amérique du Sud, en aloès, enrichi de plumes de perroquet

222 — Costume d'homme, habit, gilet et culotte en velours de
Gênes, fond rouge à fleurettes et quadrillé. Époque
Louis XIV.

223 — Jupe Louis XV, en soie blanche à raies, brochée à
fleurs.

224 — Jupe Louis XV, de soie brochée à festons de fleurs
sur fond vert, et un corsage à fond rouge.

225 — Chasuble italienne, datée 1655 et décorée de figures
de saints et de saintes dont les costumes sont exécutés à
l'aide d'applications de soies et de velours de couleur.

226 — Jupe Louis XV, en soie crème, décorée de festons
de fleurs multicolores, en broderie de soies.

227 — Jolie jupe Louis XV, soie blanche à raies satinées,
décorée de guirlandes de fleurs en broderie de soie, et de
découpures garnies de tulle ; elle est bordée d'un feston
de paillettes métalliques.

228 — Robe de soie orangée, brochée à raies et semis de
fleurettes.

229 — Jupe Louis XIV, de satin rose, piquée à décor de fleurs
et d'imbrications.

230 — Costumes de femmes, corsages, jupes et accessoires
des époques Louis XIV, Louis XV et Louis XVI.